Co   Niño, Jairo Aníbal
863.44   Zoro / Jairo Aníbal Niño ; Ilustraciones Patricia
           Acosta. -- Santafé de Bogotá : Panamericana,
           c1996.
               88 p. : il. -- (Literatura juvenil)

               ISBN 958-30-0291-7

               1. NOVELA 2. LITERATURA INFANTIL
           COLOMBIANA

               I. tit. II. Niño, Jairo Aníbal III. Acosta, Patricia, il.

Zoro

Jairo Aníbal Niño

Zoro

Ilustraciones de Patricia Acosta

PANAMERICANA
EDITORIAL

Dirección editorial
Alberto Ramírez Santos

Dirección del proyecto
Álvaro A. Romero

Asesor editorial
Gabriel Silva Rincón

Diseño y diagramación
Carmen Elisa Acosta

Ilustraciones de cubierta e interiores
Patricia Acosta

Primera edición en Panamericana Editorial Ltda., enero de 1997
Segunda edición, marzo de 1998

© 1979 Jairo Aníbal Niño
© 1979 Carlos Valencia Editores
© 1998 Panamericana Editorial Ltda.
Carrera 35 No. 14-67, Tels.: 2774613 - 2379927
Fax: (57 1) 2774991, 2379880
E-mail: panaedit@anditel.andinet.lat.net
Santafé de Bogotá, D. C., Colombia

ISBN:958-30-0291-7

Impreso por Panamericana Formas e Impresos S. A.
Calle 65 No. 94-72, Tels.: 4302110 - 4300355, Fax: (57 1) 2763008
Quien sólo actúa como impresor.

Impreso en Colombia   Printed in Colombia

Para Alejandra,
Paula y Santiago,
mis hijos.

Y el niño abrió los ojos y lo primero que vio fue el plumón azul cobalto del pecho del pájaro tente. El ave, su fiel compañera, la amiga incondicional de los niños de la selva estaba allí con él, a bordo de su canoa, de su endeble caballito de agua.

La nave trotaba en las oscuras aguas del río. El muchacho creyó oír su nombre. Zoro, gritaba el aire; Zoro, gritaba la voz melcochuda de la selva. Pensó encontrar detrás de la voz la figura de su padre Zicorauta, o la de su madre Mélide, o la de su gente que minutos antes navegaba con él en busca del país de los pastos verdes y de las bestias apacibles. Pero su pueblo, montado en las barcas, había desaparecido. Ahora recordaba un confuso griterío y un estampido de pólvora y un golpe en la cabeza que lo había desvanecido. Su mano corrió tras ese recuerdo y encontró un camino ensangrentado en su cuero cabelludo, una costra de sangre seca, como rastro de la detonación que había salido de lo más oscuro del bosque de chontaduros.

Tomó en sus manos el remo, silbó para alegrar el corazón del ave tente, e impulsó su caballito de agua hacia el lugar señalado por su padre para alojar en sus tibios aires a su tribu, que desde tiempo inmemorial estaba caminando por todos los senderos de la floresta, en busca de un lugar donde fuera posible la vida.

Desechó la angustia de su corazón y llegó a la conclusión de que su pueblo, ante el sorpresivo ataque, había corrido veloz por el río, sin que nadie se hubiera dado cuenta de que él había caído sin sentido en el fondo de su barca. Estaba convencido de que pronto les daría alcance. Remó el resto de la tarde. El sol cayó con resplandores de algodón y una bandada de garzas rosadas pasó volando tan lentamente que no parecía volar sino caminar por las carreteras del cielo. Zoro dirigió su barca a la orilla, la amarró cuidadosamente a un palo de caimo y se quedó mirando los saltos húmedos y llenos de colores de un gallito de roca.

Hizo una cama de hojarasca y junto al ave guardiana se quedó profundamente dormido. Debía ser medianoche porque cuando despertó por los gritos nerviosos del tente, la luna parecía despedir un polvo dorado, como si la estuvieran sacudiendo y la luz cayera en forma de motas luminosas sobre un piso de nubes. El ave se agazapó en medio del acecho y Zoro vio al tigre de vidrio caminar con serenidad en el sendero. Tenía los ojos fosforescentes y el cuerpo transparente y avanzaba con paso majestuoso. El niño se quedó quieto, conteniendo la respiración, mientras el felino marchaba hacia él en línea recta, sin desviarse, saltando matorrales, zanjas y vallados, y al hacerlo era como si dejara de ser tigre y se convirtiera en criatura voladora. Llegó a su lado y Zoro ocultó su cara entre las manos esperando el zarpazo que le quitara la vida. Oía el resuello caliente, el ronroneo de quinientos gatos, el crujir de la hierba seca bajo el enorme peso del animal de vidrio. De repente el tigre comenzó a cantar. Era una canción sin palabras, con musiquita que semejaba las palabras, con la cadencia del que quiere decir algo a otro y descubre que habla un idioma extranjero. Sin embargo, el niño le entendió. El tigre le decía que había visto navegar a su pueblo río abajo, que acampaba a pocas millas de ahí y que su padre y su madre lo estaban buscando en los caños de La Buenaventura, situados cerca de la madriguera de las sirenas del río. Zoro levantó la cara, miró al tigre y vio reflejada en sus ojos la historia del día de la fiera. La vio allí, levantarse por la mañana, ocultarse entre los pastizales y lanzarse en una carrera eterna contra un rebaño de toros de monte, hacer la siesta bajo un cielo de calor y vio su propio retrato navegar por el río, atar su caballito flotante a un palo de caimo, dormir, vislumbrar la polvareda de la luna, ver al tigre en el ojo del tigre y cubrir su rostro con las manos del pánico. El tigre de vidrio dio un salto enorme y el niño lo vio brincar tras el aleteo sudoroso de un pato ciego que no encontraba la tierra para posar su agotado cuerpo. Vio desaparecer al pato entre la boca del tigre y luego vio desaparecer al tigre entre unas nubes negras.

No pudo volver a conciliar el sueño. Llegaron en bandada, como tropel de animales de pra-

dera, los recuerdos de su pueblo, la búsqueda de un lugar donde pudieran vivir en paz, bajo un cielo que oliera a limpio y en una tierra que les diera frutos perfumados y carnosos para llenar de dulce la existencia. Recordó las largas jornadas, las salidas precipitadas cuando tenían que abandonar las tierras ante el ataque de hombres con armas de candela, los combates, y los sueños que alimentaban la esperanza de una tierra feliz.

El sol no pareció subir sino bajar entre un parloteo de loros y un chapoteo de caimanes cogidos por el día. Zoro vagó un rato por la selva, se hartó de mangos maduros y subió otra vez a su canoa, regalo de su padre en el día de las tres lunas, el día en que en lugar del sol salen tres lunas y se ponen a bailar en el aire y dejan caer un polen de vida como una llovizna tibia y dulce. Quien ese día no es tocado por el polen de las tres lunas pierde la facultad de reír para siempre jamás y esa es una de las mayores desgracias que le pueden ocurrir a un hombre en la tierra, según decía con su voz perfumada, Mélide, su madre.

El río había amanecido calmado. Sus ondas como lomo de animal domesticado se sacudían entre encajes de espuma producidos por el golpe de los remos.

Al mediodía el río se partió en dos brazos y estuvo pensando largamente por cuál enrumbar su canoa. Decidió hacerlo por el brazo derecho del cual venía un aroma de agua de olor. De trecho en trecho navegaba sobre una alfombra de jacintos, sobre un río vestido de hierba, sobre un camino de rosas flotantes que no eran rosas sino animales con caras de flor que formaban bandadas a la espera de lagartijas atraídas por las corolas tornasoladas. Las lagartijas saltaban al corazón del iris y las flores cerraban sus jetas con tal velocidad, que el salto fulgurante de los reptiles quedaba atrapado definitivamente entre masticaciones aromadas.

En un recodo del río varó su barca y decidió descansar a la sombra de un árbol. El ave tente extendió sus alas negras y se rascó con sus patas amarillas. La modorra lo estaba cogiendo al descuido cuando el suelo se estremeció y apareció un animal que nunca había visto. Colosal, con grandes orejas y una nariz larguísima que enrollaba y desenrollaba con vigor. De su boca surgían dos colmillos enormes y curvos, dos dientes amarillos que hendían el aire amenazadoramente. La bestia se metió al río y retozó en medio de la dicha. De pronto lanzó un silbido de espanto y trató de salir del agua rápidamente. Se derritió antes de que alcanzara la orilla y se fue río abajo convertida en una mancha aceitosa del color de las glicinas.

Estaba recogiendo cerezas silvestres cuando una red cayó sobre él y el ave guardiana. El tente lleno de furor se lanzó contra los hilos que los aprisionaban, pero pronto se cerró la boca de la chuspa y fueron izados a lo alto de un árbol. Encogidos, vieron salir de la espesura una banda de hombres que los miraban con curiosidad. Uno de ellos, que parecía ser el jefe, dijo:

—No es más que un muchacho de doce años.

—De algo va a servir el cachorro —exclamó otro, flaco, de barba de oro y con un ojo violeta y otro amarillo.

—¿Qué hacemos con el ave? —exclamó el hombre que parecía ser el jefe.

—Es un tente. Cuida a los niños de la selva mejor que un perro —farfulló un hombre rollizo, esférico, de vientre repolludo. A causa

del sudor mantecoso su rostro era liso y brillante.

—¿Así que éste es un animal cuidaniños?
—indagó el hombre que parecía ser el jefe.

—Sí —contestó un hombre apoyado en su
rifle. Y agregó—: Son de una gran fidelidad. No
conozco a un animal que quiera más a los niños
que un tente.

—Pues esta vez —dijo el flaco— se frega-
ron el buchiverde y el cuidandero.

El gordo inmovilizó al ave con sus mana-
zas adiposas y lo echó en una talega que llevaba
atada a la cintura.

—De algo va a servir este pajarraco —observó el hombre flaco, de barba de oro y con un ojo violeta y otro amarillo.

Caminaron por una trocha de arcilla mientras el aire traía el inconfundible olor a sudor de caimanes. Los ojos de Zoro se toparon con un peladero en medio de la selva. Todo parecía ser de barro rojo. Los arbustos, unas carretas destartaladas, la barcaza anclada en el río, el aire, el agua que hervía en los tubos de bambú.

De pronto, detrás de una nube rojiza, apareció la casa grande. Era una casa desmedida. Tan grande, que se metía entre la espesura, y en su interior, por cuartos y corredores, corrían ríos tormentosos. Algunas de las salas albergaban extrañas lagunas de aguas quietas y para ir de una pared a otra de una alcoba había que hacerlo a caballo. Y tenía balcones que se extendían hasta tocar montañas cubiertas de nieve y despensas tan grandes como plazas de mercado.

A este lado, junto al río, se amontonaban unas casitas de techo de lata y dos o tres galpones de grandes dimensiones, que desaparecían por momentos, tragados por la polvareda.

Zoro fue encerrado en una de las casuchas. Los hombres se alejaron y el niño oyó los gritos iracundos del tente, dentro de la bolsa del gordo.

El polvo rojo fue tocado por el sol de los venados y empezó a anochecer.

Zoro escuchó todo el tiempo sonidos extraños, gritos que parecían provenir de alguno de los galpones, tempestades que se desataban en algunas de las habitaciones de la casa grande, galopar de fieras, y el polvo que parecía gemir bajo el helado viento nocturno.

A la mañana siguiente fue conducido a un patio donde un centenar de personas, atadas a gruesas cadenas, sorbían café en tazas de lata.

Fue empujado cerca de una olla grande y uno de los guardias puso una vasija en su mano, la cual fue colmada por el café humeante.

—Gracias —dijo Zoro.

—Silencio —rugió uno de los guardias—. No puede pronunciar una sola palabra. Está prohibido hablar.

Uno de los prisioneros, harapiento, cubierto por una capa de polvo encarnado, se le acercó y susurró:

—Calma, muchacho.

Zoro lo miró a los ojos y sonrió.

Fueron conducidos encadenados hasta un lugar cubierto por el barro escarlata que bordeaba la selva. Allí, los guardias armados se distribuyeron por la zona y los prisioneros fueron desatados.

—A trabajar —rezongó uno de los guardias.

—¿Qué es lo que tengo que hacer? —dijo Zoro.

—Silencio —chilló un guardia.

—Pero es que...

Las palabras del niño fueron cortadas por un latigazo. El golpe lo lanzó a tierra y el dolor le congeló la piel. No tuvo fuerzas para gritar. Ya el zurriago empezaba a mover su cola en el aire, cuando uno de los prisioneros sacó un pedazo amarillento de papel y garrapateó velozmente unas palabras. El guardia leyó con atención el mensaje.

—No es mala idea —dijo. Y añadió—: ¿Por qué lo hace?

El hombre escribió otras palabras y se las entregó al guardia.

—Bueno, usted se encargará de instruirlo. Como es un caso especial se le concederá el uso de diez palabras. Si excede ese número, aunque sea en una palabra pequeñita, lo llevaremos al calabozo de castigo. ¿Entendido?

—Sí —dijo el prisionero.

—Lleva una —barbotó el guardia.

El hombre se acercó al niño y le dijo:

—Arrancar-barro-llevarlo-sacos-lavaderos-allá —y señaló con el dedo un lugar cerca del río.

—Lleva siete —aulló el guardia.

—Entendido —dijo Zoro.

—Al mocoso nadie le ha dado autorización para hablar. Se la cargamos a la cuenta. Lleva ocho.

Durante el día no gastaron más palabras. Zoro transportaba sacos de barro que eran lavados en busca de piedras preciosas. Al terminar la jornada, le dolían todos los huesos y estaba exhausto.

En el mismo patio donde se reunieron en la mañana a beber el café, les repartieron la cena compuesta de arroz y plátanos. En las tazas de lata les dieron aguadulce hirviendo. Cuando le servían al amigo de Zoro, parte del líquido mojó su mano y el hombre emitió un agudo quejido y soltó la vasija que cayó al suelo.

—Lleva nueve —gruñó el guardia.

Se acostaron en medio de un silencio sepulcral. El hombre colocó un papel en la mano de Zoro. Éste lo abrió y leyó: "Me llamo Amadeo".

El niño, con un gesto, le pidió el lápiz y escribió debajo: "Me llamo Zoro".

Durante varios días, el niño, junto con sus compañeros de infortunio, trabajó en el acarreo del barro a los lavaderos. Una tarde regresaron más temprano que de costumbre. Fueron conducidos al pie de una cascada que salía por una de las ventanas de la casa grande. Los prisioneros se metieron bajo la refrescante catarata.

El amigo de Zoro dijo:

—Hoy podemos hablar cinco minutos. Es domingo.

El niño se metió bajo el salto de agua y descubrió que su amigo era un anciano negro como el carbón, y dotado de una brillante y ensortijada cabellera blanca.

Chapoteando en el agua espumosa, Zoro se le acercó y le susurró:

—Debemos escapar.

—Imposible —musitó Amadeo.

—¿Imposible?

—Nadie lo ha logrado.

—Podríamos ser los primeros.

—Eres un niño; no resistirías el rigor de la selva.

—Te equivocas. Soy un niño, pero conozco la selva y la selva me conoce a mí.

—No te entiendo.

—¿No me entiendes?

—Hablas con la seguridad de un viejo.

—¿Los viejos hablan con seguridad?

Amadeo se rascó la cabeza y no respondió.

Desde un balcón, por el cual salía la ramazón de una ceiba, el hombre flaco, de barba de oro y con un ojo violeta y otro amarillo, rugió:

—Se acabó.

Los días siguientes transcurrieron exactamente como los precedentes, con el baño y los cinco minutos de charla de los domingos.

Zoro estaba hundiendo su pala en la arcilla cuando un chillido familiar hizo que levantara la cabeza. Allí estaba el tente, amarrado a una soga, de la mano del hombre de la barriga colosal. El ave brincó hacia su amo pero el gordo haló la cuerda y el pájaro quedó aleteando en la mitad de su salto cariñoso. El hombre soltó una carcajada aceitosa, acezante, ahogándose con la risa que le estremecía el vientre.

Un día, Zoro descubrió al pie de la cascada un bosquecillo de árboles de la negrura. Sus semillas son bolitas de terciopelo rojo que al ser mezcladas con sal, si se ponen al sol, estallan y dejan escapar una gigantesca humareda negra y espesa. Zoro no perdía ocasión para

recolectarlas. Los guardias pensaban que el niño las guardaba para jugar. A la hora de la cena, Zoro se las ingeniaba para vaciar uno o dos saleros y esconder el precioso elemento en una bolsa que había confeccionado con un trozo de su propia camisa.

Un domingo, a la hora del baño, Zoro le comunicó su plan a Amadeo.

—¿Y sí resultará? —preguntó el viejo.

—Lo sabremos mañana —respondió el niño.

—¿La cosa es para mañana?

—Sí. Las semillas estallarán cuando el sol esté más caliente; cuando haya llegado a lo alto de su camino. Ése será el momento de escapar.

—Bueno —dijo el viejo—. Nada perdemos con intentarlo.

Al día siguiente los prisioneros trabajaron con entusiasmo. El hombre que parecía ser el jefe salió de la casa grande montado en una mula blanca y recorrió los lugares de trabajo. Llamó al hombre flaco, de barba de oro y con un ojo violeta y otro amarillo, que salió de la casa grande protegido con una sombrilla de plumas de ave y le dijo:

—Redoble la guardia. Noto algo raro.

—¿Raro? —contestó el hombre flaco.

—Sí, parece que están trabajando con alegría y eso no me gusta.

El hombre flaco se rascó la cabeza a la par que hacía esfuerzos para comprender lo que estaba pasando y llamó al hombre gordo y le dijo:

—Que los guardias pongan mucho cuidado porque hay mucha alegría por ahí.

El hombre gordo abrió de par en par sus ojillos y sonrió estúpidamente.

Zoro estaba atento al caminado del sol. Los prisioneros observaban con disimulo al muchacho que les prometía ese día la libertad.

Cuando el sol llegó a su cenit las semillas estallaron con estruendo. El aire se llenó de una negrura de tinta y los guardias aterrorizados tenían el aspecto de estatuas de sombra. Los prisioneros se deslizaron hacia el río, hacia la selva, hacia la cordillera, y se perdieron en el mediodía más oscuro del monte. El hombre que parecía ser el jefe, el flaco de barba de oro, el gordo y los guardias, chillaban desesperados.

Zoro caminaba tanteando el sendero, con su mano en la mano del viejo negro.

De pronto, Amadeo se detuvo y dijo:

—¿A dónde vamos?

—A la casa grande —exclamó Zoro.

—¿Estás loco?

—Tengo que encontrar al ave tente. No la puedo abandonar. La tiene el gordo.

—Nos matarán —musitó el viejo.

—Yo iré solo —dijo el niño.

Soltó la mano de Amadeo y echó a andar. Se detuvo cuando escuchó en la oscuridad la voz del viejo:

—Espera, espera. ¿Dónde estás?

—Aquí —susurró Zoro.

Alargó su mano y tomó otra vez la mano arrugada y dura del anciano.

Marcharon sigilosamente.

Amadeo exclamó:

—Estabas muy equivocado si creías que te iba a dejar solo entre tantos peligros.

Zoro no dijo nada. Le estrechó la mano en forma de sonrisa dicha con los dedos.

A tientas, guiados por la maravillosa memoria de Zoro, encontraron la puerta principal de la casa grande. Entraron en los oscuros, desolados e inmensos corredores. Sus habitantes estaban afuera, tratando de encontrar un hueco de luz para meter un disparo.

Al abrir una de las puertas de un cuarto que era un bosque de frutales, quedaron estupefactos. En el centro, sobre una mesa de mármol, en un nido de hilos de oro, como huevo de ave de sueño, brillaba con resplandores de sol azul el diamante más grande y hermoso de la selva.

—Tómalo —exclamó el viejo—. Es el diamante más bello del universo.

Zoro cogió la piedra preciosa. Pensó guardarla dentro de sus bolsillos, pero cambió de idea. La alzó en su mano y como si fuera una antorcha iluminó el camino de la búsqueda. Avanzaron por extensos salones, por intrincadas escaleras, dejaron atrás un dormitorio situado en un puente que atravesaba una laguna de aguas grises, superaron balcones que se asomaban hacia abismos de ríos subterráneos, pasaron de largo por cocinas que parecían exorbitantes y solitarias plazas de mercado, bordearon alcobas matrimoniales levantadas en cúpulas donde caía la nieve, sobrepasaron cuartos ocupados por juguetes extraños y un salón de juegos en el que se veían figuras mecánicas tan altas como montañas y un cuarto de San Alejo por el que avanzaba un tren con veinticinco vagones cargados de baratijas y una sala calentada por una una chimenea que consumía fácilmente un bosque entero.

Por fin, llegaron a un cuarto que parecía una ilímite despensa, o a una despensa que parecía un cuarto, y encontraron al ave tente. Cuan-

do Zoro la desató, ella bordó en el aire una exquisita maroma de alegría.

—Aquí es donde vive el gordo —dijo el viejo. Y añadió—: Todo es comida. Fíjate: las paredes son de queso y los armarios de caramelo y las repisas de chocolate y duerme sobre una cama de jamones.

El niño exclamó:

—De esta fuente no sale agua sino naranjada.

—Vámonos de aquí —dijo el viejo. Ya en la puerta, exclamó—: El gordo vive comiéndose su propia casa.

—A propósito de comida, es mejor que nos llevemos esto —dijo el niño.

—Es una buena idea —contestó Amadeo.

Zoro cogió entonces una mesita de cerezas y la echó sobre sus hombros.

—Ahora no hay ningún problema —dijo el niño.

—¿Ninguno? —contestó con sorna Amadeo. Y agregó—: Nada menos que encontrar la salida y escapar de aquí.

—No te preocupes —dijo Zoro—. A esta ave tente, el abuelo le enseñó a ver con claridad en medio de la noche.

Guiados por el tente y por los resplandores de la piedra preciosa, abandonaron la casa grande después de cruzar al trote por una desolada habitación matrimonial que era un desierto. En el centro, en un oasis, una cama blanca cubierta con velos temblorosos, se deshizo en polvo cuando Amadeo acarició un encaje tan tibio como la piel humana.

Poco a poco, a medida que se alejaban, el aire se fue aclarando y serían las cinco de la tarde cuando se detuvieron para mirar un hongo ceniciento que se diluía a lo lejos, en la orilla del río.

Reanudaron la marcha y olfatearon un perfume dorado. Al descender a un pequeño valle, descubrieron a la madre de las naranjas. Ella es un árbol garrafal, de hojas verde esmeralda y cargada con unas pomas llenas de dulzura. Se acercaron a uno de los frutos, tan grande como un caballo, y arrancaron parte de su cáscara y comieron parte de su pulpa, mientras la noche aromada extendía sus alas de olor.

Improvisaron lechos de flores secas y decidieron que mientras uno dormía, el otro vigilaba. Amadeo se ofreció como voluntario para hacer el primer turno de la guardia. Zoro se extendió en su nido y se quedó dormido. De pronto fue despertado por unos ruidos extraños y amenazadores. Abrió sus ojos hacia la oscuridad de la selva y descubrió el origen del estruendo. Amadeo dormía a pierna suelta y roncaba haciendo el ruido de cien cataratas juntas. El niño se levantó, cubrió al viejo con un haz de hierbas y se recostó en un tronco de carbonero.

La luna blanca navegaba en un cielo de viento y Zoro trajo otra vez a su corazón la imagen de su madre Mélide, de su padre Zicorauta, de la abuela Artelia, de su amigo Roco. Todos llegaron del recuerdo y su mirada se encaminó hacia el río, hacia ese camino recorrido por su pueblo en su incesante búsqueda de la justicia y de la felicidad.

Estaba aspirando sus remembranzas cuando vio un desfile de lucecitas, como hormigas luminosas que se acercaban a la madre de las naranjas. Era un camino interminable de fulgores. De golpe, el desfile pareció desbandarse, salirse de su camino de chiribita. La causa parecía

ser la sombra que se balanceaba con caminado
de animal de caucho. Sacó su piedra preciosa y
le lanzó un rayo de luz. Descubrió la larga y azu-
carada lengua de un oso hormiguero. Avanzó
hacia él y lo hizo retroceder a voces. El oso huyó
cuando sintió los picotazos del tente. Zoro prorrumpió en sonoras carcajadas cuando oyó el
fragoroso camino de la huida del oso hormiguero. Vio cuando otra vez las luces caminaban en
formación y se percató de que pasaban al lado
de la naranja que escurría sus mieles y sus per-
fumes y se dirigían hacia él. Pronto se vio ro-
deado por millares de puntos de luz. Miró con

atención y descubrió a unos hombrecillos diminutos, tocados con cascos luminosos. Pegó su oído a tierra y escuchó unas palabras apenas audibles. Uno de los hombrecitos le daba las gracias y lo invitaba esa noche a su casa. El niño preguntó si podía llevar al anciano y uno de los hombrecillos dijo que lo sentían, pero que en su ciudad sólo había lugar para un gigante.

Zoro le encargó al ave tente el cuidado de Amadeo y siguió, en medio de la espesura, el iluminado caminito de candela. Marcharon un largo trecho hasta que se detuvieron al lado de una corpulenta ceiba. El hombrecito le dijo a Zoro que avanzara hasta que encontrara una especie de alfombra de hojas rojas, que buscara un bejuco en el centro y que lo halara con fuerza. Zoro cumplió con todas las instrucciones y al tirar del bejuco descubrió una trampa y unos escalones que se perdían en la sombra. Descendió, no sin dejar en su lugar otra vez la tapa que ocultaba la entrada. La escalera era de caracol. Mientras bajaba, paulatinamente se iluminaban más los escalones, hasta que de improviso fue bañado por una luz intensa y descubrió una pared de cristal y tras ella, una ciudad poblada por personas no más grandes que una hormiga. Esas gentes se lanzaron hacia balcones refulgentes y levantaban sus manitas y parecían sonreír. Zoro vislumbró la ciudad, las casas de colores, las calles rectas, los bosques que la circundaban, y llamó su atención los insectos que eran utilizados en los más diversos oficios y trabajos. Allí, un cucarrón empujaba un furgón cargado de comestibles; allá, varias hormigas arrastraban lo que parecía un carro de flores; al fondo, unas lombrices araban la tierra. Estaba contemplando esos prodigios cuando escuchó una voz perfectamente audible:

—Bienvenido. Has salvado a muchos de nuestros hermanos. Te damos las gracias.

Zoro contestó:

—Estoy muy agradecido con ustedes. Tienen una linda ciudad.

—Tú debes ser Zoro —dijo la voz.

—Sí. ¿Cómo saben mi nombre?

—Lo suponíamos. Tu pueblo te ha estado buscando.

—¿Conocen a mi gente?

—Sí. Conocemos todo lo que pasa en la selva. Y a tu pueblo, especialmente, le tenemos mucho afecto y respeto. Los tuyos están buscando el país de la felicidad y de la justicia. Y han sido perseguidos pero jamás han perdido la esperanza.

—Es cierto —corroboró Zoro.

—Hay mucha injusticia en la selva.

—Sí.

—Pero también hay muchas posibilidades de felicidad.

—Lo creo —exclamó Zoro.

—Estamos en deuda contigo.

—No me deben nada.

—¿Qué podemos hacer por ti?

—¿Me pueden ayudar a encontrar a mi pueblo?

—Es posible. De un momento a otro deben llegar unos mensajeros.

—Los esperaré.

—Bien. Mientras tanto, queremos brindarte un espectáculo para regocijar tu corazón.

Zoro se acomodó en su estrecho observatorio y quedó maravillado cuando aparecieron hombrecitos voladores sobre colibríes enjoyados, y hombres graciosos con trajes de lianas y hojas y una cantante con la voz tan dulce que lo llenaba a uno de recuerdos. Es decir, detrás de cada palabra cantada, saltaban como chispas el rostro de la madre, un amanecer flotando en las alas de las garzas rosadas, la palabra del padre y el canturrear de la abuela inventando historias. Aparecían también el pez dorado estremecido en una red de espuma, la mariposa verdidorada que se elevaba hasta el ojo del sol y el sabor jugoso del melón cuando el calor hace chisporrotear la sed entre los labios.

Se iluminó una parte de los innumerables pisos en los que estaba dividida la ciudad subterránea y presenció el acto de valor del domador de escorpiones. Luego, surgió un espectáculo de agua y crearon ríos, lagos, cascadas que bordaban figuras, figuras de espuma que bordaban cuentos y finalmente, músicas cantadas por los líquidos, gorgoritos de linfa, melodías de cristal.

Después, unas mujercitas con trajes amarillos, montadas en mariposas, surcaron el cielo

subterráneo con piruetas y maromas de aire. Las jinetes se desvanecieron y surgió otra vez la voz:

—Acaban de llegar los mensajeros. Dicen que tu pueblo se encuentra acampado a diez y seis jornadas de aquí, en las cercanías del bosque de animales.

—¿El bosque de animales? —preguntó Zoro.

—Sí. Y debes tener cuidado. Allí son los árboles los que se mueven de un lugar a otro y los animales han echado raíces, se han sembrado en la tierra y han crecido alargándose al cielo. No te acerques al árbol del jaguar, ni a las lianas de las anacondas, ni a la enredadera de las tarántulas.

—Tendré mucho cuidado —dijo Zoro.

—Marcha hacia el oriente sin perder de vista la montaña de la nariz de hielo. Ascenderás a ella y desde allí verás los bosques de maderas de olor. Desciende hasta el valle refulgente. Allí está tu pueblo.

—Gracias —exclamó Zoro.

—Gracias a ti —dijeron millares de vocecitas.

Al salir a la superficie encontró un gran paquete, regalo de sus diminutos amigos. Contenía prendas de vestir para él y para el viejo Amadeo, tejidas primorosamente con sustancias vegetales, pan, conservas, miel y un recipiente con jugo de frutas.

Cuando llegó al sitio donde habían acampado, encontró a Amadeo profundamente dormido. El tente lo recibió batiendo sus alas con entusiasmo. Zoro se recostó en su cama y se durmió.

Muy pronto brotó el sol de la selva. El negro Amadeo lo sintió arañándole la cara y se despertó sobresaltado. Sonrió cuando vio amodorrados al niño y al ave tente. Se sorprendió al descubrir el paquete con provisiones. Se acercó temeroso y empezó a destaparlo. Dio un brinco, asustado, cuando el tente emitió un grito de alarma.

Zoro, con un salto, se irguió atento y alerta.

—No te preocupes, no pasa nada —dijo Amadeo—. He estado vigilante y alerta toda la noche.

—¿Toda la noche? —preguntó Zoro.

—Bueno... Casi toda la noche.

Zoro soltó una carcajada. El negro lo secundó y hasta el tente parecía retorcerse de la risa.

—¿Qué es esto?

—Un regalo.

—¿Un regalo? —exclamó incrédulo el viejo.

—Sí. Un regalo de unos amigos.

—¿Qué amigos?

—Un pueblo de personas diminutas.

El viejo iba a seguir con sus preguntas pero se percató de que Zoro dormía apaciblemente en su lecho de flores.

Sacó las prendas vegetales y cuando se dio cuenta de que había un vestido exactamente a su medida, se lo puso y sintió un bienestar repentino en todo el cuerpo. Era un vestido encantado. No sentía ni frío ni calor. Sonrió cuando un pajarillo de plumas rojas se posó en su hombro y se puso a cantar.

Caminaron ese día y el siguiente por los enmarañados senderos de la selva. Al tercer día, en un claro, se toparon con una vaca enorme. Sus ojos tenían el color de las aceitunas y su piel era blanca y brillante. Se sorprendieron de que junto al vientre del animal hubiera una escalera de mármol. Subieron por ella y cuando llegaron al último escalón, se abrió una puerta en la barriga de la vaca. Descubrieron entonces que el animal, en su interior, era una casa. Penetraron en una sala que lucía un tapete rojo con flores bordadas en las orillas, cojines de raso y un dormitorio dotado de un colchón de plumas de garza. Del techo pendían varios bejucos transparentes y pronto descubrieron que al oprimirlos soltaban un chorro de leche cremosa y fresca. Como estaban muy fatigados, se tendieron en los cojines y durmie-

ron mecidos por el ronroneo y las respiraciones del animal. En su interior, la noche se cubrió de un titilante color rosado y aparecieron cinco lunas girando lentamente en un cielo dorado de piel.

El ave tente fue quien despertó primero. Luego lo hizo Zoro y finalmente, Amadeo. Bebieron una buena cantidad de leche y comieron con entusiasmo pulpas de frutas en conserva. Sacudieron sus vestidos y se prepararon para reanudar la marcha. Cuando bajaron por la escalera de mármol, descubrieron a unos hombres altísimos, delgados, vestidos con pieles atigradas. En contraste con sus cuerpos descarnados, sus pies eran enormes como troncos de árbol viejo. Sus pies y tobillos estaban envueltos en láminas de madera labrada.

—¿Quiénes son ustedes? —preguntó Zoro.

Los gigantes de cuerpo de alambre no contestaron. El niño comprendió que habían caído en una trampa. El viejo Amadeo empezó a temblar cuando vio que la vaca se había transformado en un puma que lo miraba con ojos de niebla.

Los obligaron a marchar por una húmeda trocha. Zoro se estremeció al ver que se alejaban de la montaña de la nariz de hielo.

Después de medio día de marcha llegaron a una ciénaga de aguas irisadas. De trecho en trecho flotaban colosales flores acuáticas de metal. Fueron llevados en una balsa de troncos hasta una de esas flores. Los desembarcaron sobre la corola flotante y se alejaron hacia la orilla. Allí, los hombres sacaron un paquetico y lo fueron desenvolviendo y salía del paquetico una tela plateada con la cual hicieron el toldo más grande que Zoro y Amadeo habían visto en su vida. Cuando la carpa de plata estuvo perfectamente instalada, emergieron de la ciénaga, montados en manatíes, una centena de mujeres y niños. Eran como los hombres, altísimos y delgados, y tenían como ellos los pies con la apariencia de troncos de ceiba.

Llegó el crepúsculo y en un paisaje de arreboles pasó una bandada de peces voladores.

La noche ya estaba crecida cuando a Zoro le pareció ver la inconfundible figura del gordo de las minas de piedras preciosas. Llamó a Amadeo y le mostró la imagen. Sí, efectivamente, era él. No había ninguna duda. Lo reconocieron cuando avanzó un poco y miró hacia la flor flotante donde estaban prisioneros.

—¿Dónde tienes el diamante? —interrogó Amadeo.

—Aquí, en el bolsillo.

—Es mejor ocultarlo.

—¿Dónde?

—Entre la carne de este melón.

El gordo movía sus manos como aspas. Parecía discutir con los flacos gigantescos. Éstos, por lo visto, eran sordos, puesto que el gordo hacía señas desesperadas con los brazos y con sus amorcillados dedos. De pronto, sacó un puñado de esmeraldas que brillaron en medio de la noche. Los gigantes de patas de tonel hicieron señas negativas con la cabeza. El gordo fue sacando más piedras de bolsillos secretos y las fue amontonando en el suelo. Al fin, cuando dejó escurrir entre sus dedos el contenido de una bolsa de oro, los hombres flacos asintieron. El gordo les estrechó la mano y se marchó:

—Estamos perdidos —dijo Amadeo. Y agregó—: Parece que nos han vendido.

—Parece que nos han comprado —contestó Zoro.

El ave tente se puso a gruñir.

—Tenemos que irnos de aquí —dijo Zoro.

—Estas ciénagas son traicioneras. Nos ahogaríamos si intentáramos salir nadando —reflexionó Amadeo.

—Hay que pensar en algo, rápido —dijo el niño—. Los compinches del gordo no demorarán en llegar.

—Si nos agarran, nos van a torcer el pescuezo —dijo el viejo.

—Creo que nos debemos arriesgar —exclamó el niño. Y añadió—: Prepárate para nadar.

—Es una locura —dijo el viejo.

El ave tente estiró una de sus largas patas amarillas, como si quisiera probar la temperatura del agua y casi desaparece dentro de la boca de un caimán.

—Te lo dije —exclamó, temblando, Amadeo.

El caimán nadaba alrededor de la flor flotante. Debía medir unos diez metros y su espalda empezó a emitir brillos fosforescentes.

En medio de los espasmos de pánico de Amadeo y de la muda interrogación del pájaro

tente, Zoro recordó las enseñanzas de su padre. Le llegó otra vez su voz serena y apacible. Era como si estuviera sentado junto a él, en ese pétalo de metal, y observara los círculos ominosos del caimán.

"Hijo", dijo la voz del recuerdo, "no permitas que el miedo inunde tu corazón. Ningún peligro, por grande que sea, te debe impedir pensar y reflexionar. Tú puedes pensar y ésa es tu mejor arma. Úsala".

Zoro dejó que la serenidad le cayera como un vaho. Poco a poco, elaboró su plan. Miró las lianas de la bolsa donde sus amigos de la ciudad subterránea habían empacado sus regalos. Comprobó que eran de una consistencia poco común.

—Rápido —le dijo a un asombrado Amadeo—. Deshaz esas chuspas. Tenemos que hacer una soga.

Pronto, la soga estuvo lista. Amadeo ató una de sus puntas a uno de los pétalos. Luego, enlazó el cuello del caimán y le ordenó al pájaro tente que volara junto a las fauces de la fiera y que se dirigiera hacia la orilla. Entre tarascadas del caimán, la flor, empujada por el reptil, se fue acercando poco a poco a la ribera. El negro mostró su impecable dentadura blanca en una sonrisa de gozo.

El pájaro tente emitió un chillido nervioso cuando el caimán le arrancó dos plumas de la cola y las engulló con avidez.

Llegaron a la orilla sin ser descubiertos. El caimán, enorme y fosforescente, se quedó varado en la pedregosa orilla, con la jeta abierta.

Sigilosamente, empezaron la huida. De golpe, se escuchó un silbido ensordecedor y se iluminó la carpa de tela plateada. Los habían descubierto. Los gigantes, envueltos en transparentes camisas de dormir, hicieron un cerco para impedir la salida de los fugitivos. Zoro se asombró al contemplar las desnudas extremidades de sus captores. Tenían pies y tobillos de vidrio.

—Avancemos —dijo el niño.

—¿Avanzar? —exclamó Amadeo—. Al hacerlo nos acercamos a ellos.

—Hazlo, Amadeo.

—Está bien.

Los gigantes se movieron estrechando el cerco. Zoro cogió una piedra y la lanzó contra uno de ellos. El guijarro hizo blanco en el pie de cristal que se quebró como una frágil copa. El hombre se desplomó.

Amadeo agarró otras piedras y con gran puntería las lanzó contra los larguiruchos enemigos. Los langarutos de pies de vidrio huyeron aterrados y se perdieron en la oscuridad de la manigua.

Zoro y sus amigos caminaron toda la noche. La marcha empezó a tornarse difícil y agotadora. Se vieron precisados a hacer grandes rodeos para esquivar los pantanos.

Amadeo se sentía fatigado y enfermo. Se habían agotado las provisiones y tuvieron que alimentarse de frutas silvestres y de raíces. Afortunadamente Zoro conocía la selva y sabía dónde hallar comestibles.

Cuando las lluvias empezaron a caer con persistencia descubrieron que los trajes vegetales eran, en verdad, formidables. Los protegían del agua, del viento, del calor, del frío. El viejo Amadeo se llenó los ojos de ternura cuando se dio cuenta de que su vestido estaba vivo, que las plantas que lo conformaban habían empezado a florecer. Entonces, el negro Amadeo no sólo era un hombre totalmente florecido, inundado de colores, sino también un negro perfumado.

Una tarde, Amadeo, acezando, se apoyó en un tronco de caimo y bajo la charla estridente de los micos araguatos dijo:

—Ya no puedo más. Es mejor que sigas solo, muchacho.

Zoro se detuvo, lo miró con sus ojos almendrados y le dijo:

—Sabes, Amadeo, que no te voy a abandonar.

—Lo sé —respondió el viejo—. Pero te estoy haciendo perder mucho tiempo. Estás buscando a tu pueblo, a tus padres...

—Y me estás ayudando mucho en esa búsqueda.

—¿Yo?

—Sí. Acamparemos aquí esta tarde. Recuéstate. Voy a buscar la leña para hacer una hoguera.

Zoro, flanqueado por el tente, se dedicó a recoger chamizas. Su rostro se iluminó cuando descubrió unos racimos maduros de uva de monte.

La noche se bajó tibia, llena de suaves rumores, de conversaciones de habitantes secretos de la selva, de pasos afelpados de bestia. Esa noche, parecía que los nacimientos y las muertes de los inquilinos de la selva llegaran con la suavidad de la carne de jazmín. Posiblemente, en esa azulada atmósfera, nadie pereciera esa noche. Como si se hubiera hecho un armisticio. Como si todas las criaturas de la espesura estuvieran invitadas a los esponsales de una magnífica pareja de fieras, y el tigre, envuelto en los aromas de la fiesta, mirara al ciervo con ojos de

ciervo, y al conejo con ojos de conejo, y al tití con ojos de tití, y al ave tente con ojos de niño.

El viejo Amadeo aspiró también ese aire de paz que le espantaba la fiebre.

Zoro recordó con más nitidez a su gente, acampada entre las lejuras de la selva.

A la aurora, la montaña de la nariz de hielo emergió entre las nubes de algodón amarillo y su lejana cúspide parecía estallar en rayos de carámbano.

El cielo se oscureció y llegó el negro graznido de la tormenta.

El ave tente fue levantada por un golpe de viento y sus alas, inútiles ante la embestida, se agitaron desesperadas. Al caer a tierra fue recibida por Zoro, quien la tomó en sus brazos.

Iniciaron el ascenso de manera penosa. El viento y el agua dificultaban sus movimientos y la oscuridad se desparramó como una espesa niebla.

—Amadeo, ¿viste esa luz? —exclamó Zoro.

—¿Dónde?

—Allá arriba. En esa cueva. Parece que hay alguien en ella.

—¿Podremos llegar hasta allá?

—Sí.

—¿Por qué todo lo ves tan fácil?

—Porque todo es difícil.

—No te entiendo.

—Dáme la mano, Amadeo. Subamos rápidamente, antes de que la tormenta nos desbarranque.

—Es una suerte tener estos vestidos.

—Sí, detienen el paso del agua y nos mantienen tibios.

—Zoro.

—¿Qué?

—¿Sabes que un pájaro ha hecho un nido en mi hombro?

—Maravilloso.

—Creo que está empollando.

—Así que pronto vamos a tener una familia.

—Sí. Hay que alcanzar esa cueva. Este viento puede estropear el nido.

De golpe, la tormenta se inmovilizó. La luz en la entrada de la cueva tenía un resplandor dorado y llegaba hasta ellos con palpitaciones de corazón. El viento se había congelado. El huracán pendía del paisaje como un retrato, como una estampa sin vida y sin movimiento. Cuando entraron en la caverna, la tormenta se desgajó otra vez y azotó la selva con una furia de espanto.

Zoro, Amadeo y el ave tente, fueron bañados por el fulgor que despedían un hombre y una mujer dorados, con ojos transparentes y cabelleras onduladas de metal.

—Pasen —dijo el hombre con una voz de campanas.

—Gracias —contestó Zoro.

Amadeo y el ave tente estaban paralizados por el asombro.

—¿Quiénes son ustedes? —indagó Amadeo.

—¿Nosotros? —dijo la mujer con una voz de dulzaina—. Somos criaturas del aire.

—Estamos de paso —dijo el hombre.

—Venimos del sol —exclamó la mujer.

—Deben estar muy fatigados —dijo el hombre—. Será mejor que descansen un poco.

Amadeo empezó a examinar con curiosidad el nido de su hombro.

La mujer dorada se acercó y dijo:

—¿Qué lleva ahí?

—Es un nido. Es la casa de un pájaro. Está empollando y tengo temor de que la tormenta haya echado a perder los huevecillos.

La mujer acarició el nido con el espejo de sus manos. De pronto, los huevecillos se abrieron y emergieron tres pichones abriendo sus picos de escándalo, mientras sus padres revoloteaban por la cueva mostrando un plumaje amarillo y verde y cantando con unas voces de flauta.

—¿A dónde se dirigen? —interrogó el hombre.

—Estoy buscando a mi pueblo —dijo Zoro—. Nos emboscaron en el río y lo perdí. Mi padre se llama Zicorauta.

—Yo —exclamó Amadeo— espero dejar a este muchacho sano y salvo con su gente y luego me marcharé también en busca del sitio donde nací —hizo una pausa y agregó—: Se ve que ustedes son muy poderosos.

—¿Nos pueden llevar, a este niño y a mí, a nuestros respectivos destinos?

—Somos poderosos, es cierto —dijo el hombre—. Pero son ustedes los que con su inteligencia y esfuerzo deben hacer todo el camino.

"Me parece estar oyendo a mi padre", pensó Zoro.

La mujer añadió:

—Podemos proporcionarles algunos medios, pero tendrán que resolver sus propios problemas —luego miró al niño con dulzura y exclamó—: Sé que tendrán éxito.

Zoro dijo:

—Tenemos informes de que han acampado a pocas jornadas de aquí, en el bosque refulgente. Pronto los encontraremos.

El hombre afirmó:

—Tendrán que escalar la montaña, rebasar el bosque de animales y navegar unas millas por el río hasta llegar al bosque refulgente.

—Así es —asintió Zoro.

—Necesitarán una canoa —dijo la mujer.

—Tal vez podamos improvisar una balsa —dijo Zoro.

—Es peligroso —reflexionó la mujer—. El río es muy caudaloso.

—Cuando lleguemos a él veremos lo que tendremos que hacer —exclamó Zoro.

—Tal vez les podemos prestar una canoa —dijo el hombre, sonriendo.

La mujer tomó en sus manos unos algodones de luz y poco a poco comenzaron a crecer hasta tomar la forma de una canoa bruñida, con unos remos que parecían joyas, tan fuerte que parecía de hierro y tan liviana, que el niño podía alzarla con el dedo meñique.

Zoro dijo:

—Parece hecha con un tronco de luna.

El hombre quitó una varita que estaba en la proa de la barca y la canoa empezó a encogerse hasta quedar convertida en una esfera del tamaño de un limón.

—Eso hará fácil su transporte —exclamó el hombre en medio de una carcajada luminosa—. Cuando quieran usarla, colocan otra vez la varita en esta abertura y a los pocos segundos tienen lista su nave.

—Gracias —exclamó Zoro.

—Muchísimas gracias —dijo Amadeo.

El pájaro tente batió sus alas y emitió un chillido musical y suave.

—Ahora tenemos que irnos —dijo la mujer.

—¿Vendrán un día a nuestra casa a visitarnos? —preguntó Zoro.

—Iremos —prometió el hombre.

—¿Y podré ir a la casa de ustedes?

—Tal vez, algún día —exclamó la mujer dorada—. Cuando mires el cielo y sientas en tu cuerpo el calor del sol, debes pensar que nosotros, de cierta manera, te estamos visitando. Nosotros y nuestra casa.

—No los olvidaré —balbució Zoro.

—Yo tampoco —dijo Amadeo.

—Ni nosotros a ustedes —expresó el hombre.

En las manos de la mujer apareció una cajita negra pendiente de una cadena. Avanzó hasta el niño y a manera de collar la colocó en su cuello.

—¿Qué es? —indagó el muchacho.

—Dentro de esa cajita —dijo la mujer— hay un pedazo de sol.

Luego se acercó a Amadeo, quien estaba feliz con los pichones recién nacidos, y le colocó en la muñeca una pulsera plateada.

—Gracias —exclamó el viejo.

—Es nuestro regalo para usted —dijo la mujer—. Esa pulsera es una flor que crece en un planeta habitado por criaturas que son olores, aromas, aire.

La tormenta había pasado. Ahora entraba a la caverna una luz rosada como el vuelo de los flamencos.

La selva, abajo, parecía cantar. Cantaban no solamente los pájaros hechos para el canto, sino las fieras, los árboles, los insectos, el agua, las piedras, el viento.

Los bruñidos cuerpos del hombre y de la mujer se recortaron en la entrada de la cueva. Les hicieron un ademán de despedida, miraron la espesura con sus ojos transparentes y tomados de la mano, silbaron una melodía como de flauta. A medida que subía el volumen de la exquisita música, de sus espaldas emergieron unos chorros azules de fuego. Se convirtieron entonces en dos líneas de luz y se perdieron entre unas nubes pintadas por el sol de los venados.

Zoro, Amadeo y el tente se quedaron largo tiempo mirando el lugar del cielo por donde se habían ido sus amigos.

Amadeo, de golpe, dio un grito de júbilo. Los pichones, de manera prodigiosa, habían crecido en pocos minutos lo que les hubiera costado varias semanas. Volaron fuera del nido y después de estrenar el cielo con sus acrobacias, se dedicaron a comer unas frutillas que habían madurado en el vestido vegetal del anciano.

Continuaron el ascenso y poco a poco el paisaje se convirtió en nieve y viento ululante. Amadeo protegía a sus avecillas dentro de un rincón de su traje. El tente avanzaba dando muestras de extraordinaria resistencia y coraje.

Zoro, con su grácil y menudo cuerpo, subía con paso firme hacia la cima.

Amadeo arrancaba frutillas de su vestido con las que alimentaba a sus alados amigos.

Al escalar una yerta superficie, Amadeo resbaló y estuvo a punto de rodar hacia el abismo. Se pudo sostener de un borde afilado, a pesar de las heridas de sus manos, mientras Zoro, con grandes esfuerzos, logró ayudarle a trepar de nuevo. Quedaron exhaustos. De pronto, Amadeo empezó a tiritar. Su traje se había roto en el muslo y a su pierna se la empezaba a comer el hielo.

—Si no nos apuramos me voy a congelar —se quejó Amadeo.

Zoro dijo:
—Tenemos que remendarlo rápidamente.

Zoro se acordó del regalo de sus amigos dorados y destapó la cajita negra que pendía de su pecho. En ese momento el pedazo de sol los cubrió con sus tibios dedos, mientras Zoro y Amadeo remendaban de la mejor manera posible el estropeado traje. Cuando concluyeron, el niño guardó otra vez su pedazo de sol y siguieron ascendiendo.

Pronto llegaron a la nariz de hielo, una protuberancia helada, que no meramente tenía la forma de una nariz, sino que estornudaba cada quince segundos.

Era un violento estornudo de escarcha que barría con violencia el único sendero por el cual era posible pasar al otro lado y llegar a los valles.

—¿Lo lograremos? —preguntó Amadeo.

—Es cuestión de pasar al otro lado en quince segundos —exclamó Zoro.

—Es una distancia larga —balbució Amadeo.

—Por lo tanto hay que apresurarse —gritó Zoro.

Avanzaron hacia el borde y esperaron el tremendo estornudo. Entonces, Zoro avanzó velozmente por el borde rocoso y cuando surgió el segundo resuello ya estaba al otro lado.

—Ahora es tu turno.

—Que pase primero el tente —respondió el viejo.

—Está bien.

Zoro le hizo una señal al ave y cuando la nariz lanzó su tempestad, corrió a todo lo que daban sus patas amarillas. Resbaló a mitad del recorrido y la salvó el hecho de que se estiró como una flecha y voló al lado del niño.

—Muy bien —exclamó Zoro.

El niño le acarició la cabeza con orgullo, pues sabía que el tente no era un gran volador y que sólo lo hacía de vez en cuando porque el abuelo le había enseñado.

Tuvieron que esperar un largo rato hasta que Amadeo se decidió a cruzar el angostísimo camino. Cuando llegó al lado de Zoro, su piel se había puesto del color de la ceniza y sus ojos estaban abiertos de par en par.

Descansaron un buen rato y contemplaron los valles y bosques que se extendían cubriendo todo el horizonte.

Abajo, el río hervía, mientras bañaba las orillas del bosque de animales.

Junto a ellos, se extendía una plaza congelada, de forma rectangular y de dimensiones enormes. Estaban observando esa rara arquitectura, cuando muy cerca se posó un águila de hielo. Sus ojos de granizo miraban a todos lados con temor. Pronto supieron la causa.

Arriba apareció un perro volador con alas de fuego. El águila trató de ocultarse entre la nieve, pero el perro de candela la descubrió y descendió en picada y con sus flamígeros remos golpeó al ave derritiéndole una de sus alas.

Los pajarillos de Amadeo chillaban en el interior de su vestido y el ave tente se acurrucó al lado de su amo.

—El águila de hielo está herida —dijo el niño.

—El perro de fuego pronto va a derretirla —contestó Amadeo.

—¿Por qué lo hace?

—No lo sé —respondió el viejo.

—Tenemos que ayudarle. No se puede defender —exclamó Zoro.

—No nos metamos —dijo el viejo—. Podríamos salir quemados.

—Cuida al tente —dijo el niño—. Yo iré en su auxilio.

—Ten cuidado —exclamó Amadeo.

El niño descendió, mientras observaba el punto de candela que giraba en el aire, preparándose para el ataque. Zoro se hundía en la nieve hasta las rodillas y avanzaba con mucha dificultad. El águila de hielo giró su cabeza transparente y lo vislumbró con una dulce y esperanzada mirada de agua. Zoro llegó junto al águila y lo primero que hizo fue observar el muñón de su ala que chorreaba una linfa cristalina y cálida. Lo cubrió con un poco de nieve y se percató de cómo se hacían cada vez más estrechos los círculos en el aire del perro volador. Hizo con agilidad y rapidez unas bolas de nieve. Cuando el perro de fuego bajó sobre sus presas, el niño lo esquivó mientras le disparaba bolas de nieve. Resistieron varios asaltos hasta que Zoro le acertó con uno de sus proyectiles, en una de sus alas. El perro volador perdió altura mientras el niño le seguía lanzando guijarros congelados. Zoro dio en el blanco varias veces y observó cómo a gran altura se le apagaron las alas al perro de candela y cayó como una piedra en el abismo de carámbano.

Amadeo se reunió con el niño que estaba absorto al pie del águila muerta. El viejo le echó un brazo sobre el hombro y dijo:

—Hay que enterrarla.

—¿Enterrar un águila de hielo? —exclamó Zoro. Y añadió—: La dejaremos en el centro de esta plaza. Hasta que algún día trepe hasta aquí el verano y se la lleve a las nubes.

Descendieron con facilidad. Antes de llegar al bosque de animales, el viejo sacó las avecillas, las puso en sus manos y les dijo:

—Es hora de que vuelen libres. Busquen a sus compañeros de vuelo y hagan con ellos su vida.

Los pájaros parecieron entender. Volaron durante algunos minutos alrededor de Amadeo. Luego se alejaron y se perdieron en las estribaciones de la montaña de la nariz de hielo.

El bosque de animales se hizo visible. Lo primero que vieron fue a un larguísimo tapir, clavado en la tierra, inmovilizado por raíces de pezuñas. Más allá, había un bosquecillo de tigres. Los felinos ronroneaban mecidos por el viento. Estiraban sus garras y con sus ojos de color verde plata observaban ansiosos un sembrado de liebres.

Cerca del río se estiraba un bosque de caballos de monte. Sus crines descendían hasta el suelo y habían adquirido colores llameantes, seda que brillaba al golpe del viento.

En el centro se alzaban árboles de mariposas. Frondosos, conformados por millones de insectos que abrían y cerraban sus alas enjoyadas.

De repente, vieron correr a una calabaza perseguida por una mata de caucho y a un rosal que reptaba lentamente al lado de un sembrado de colibríes. Cuando éstos lo tuvieron a tiro, desplegaron sus alas en un estallido y lanzaron sus picos hacia las azucaradas carnes de las rosas.

Los caballos habían hecho presa también de una bandada de hierbas voladoras.

—Debemos avanzar con mucho cuidado —dijo el viejo.

—Sí. No podemos descuidarnos.

Caminaron con precaución. Amadeo no pudo evitar el temblor cuando una auyama gigante les salió al paso. Afortunadamente era inofensiva. La auyama retrocedió, para caer desafortunadamente bajo un corpulento cerdo rosado que la engulló y luego se dejó caer sobre sus raíces peludas en una siesta de ruidajos y gruñidos.

Dejaron pasar a un corpulento árbol de mango que se dirigía a beber al río y cruzaron con rapidez bajo un ruidoso bosquecillo de micos titíes.

Llegaron sin ninguna novedad a la orilla del río. Allí sacaron la canoa, la esfera bruñida, y esperaron, sacudidos por el prodigio, su transformación. La echaron al agua y remaron con entusiasmo.

Hacía más o menos una hora que estaban navegando, cuando Amadeo señaló hacia atrás y dijo:

—Viene una canoa.

—¿Quién será? —preguntó el niño.

El negro casi se cae de la embarcación cuando exclamó:

—Son gente de las minas. Es el gordo y su pandilla.

—¿Cómo llegarían hasta aquí? —reflexionó Zoro.

—Nos van a alcanzar —chilló Amadeo.

Zoro exclamó:

—Rema con todas tus fuerzas.

En la barca perseguidora el hombre que parecía ser el jefe soltó una sonrisa pálida. Agarrando con fuerza su látigo, dijo:

—Ésos no se nos van a escapar.

—Así es, señor —asintió el gordo.

—Cállese —dijo el que parecía ser el jefe. Usted está condenado a no hablar más en su vida.

—Pero... —balbució el gordo.

—Por su culpa, el niño y el negro se escaparon con el diamante.

El hombre flaco, de barba de oro y con un ojo violeta y el otro amarillo, exclamó:

— Los tuvo en sus manos cuando se los compró a los gigantes.

El gordo, en tono quejumbroso, dijo:

—No me atreví a llevarlos yo solo. Son demasiado peligrosos.

—A callar —barbotó el que parecía ser el jefe.

El gordo se puso a llorar mientras se comía un pavo relleno y la mitad de uno de los remos.

—Qué canoa tan rara —dijo uno de los guardias.

—Qué tiene de raro —gritó el hombre flaco, de barba de oro y con un ojo violeta y otro amarillo.

—Parece de oro —dijo el guardia.

El hombre flaco miró el chispear de la nave perseguida y los dos ojos se le pusieron azules a causa de la codicia.

Zoro y Amadeo remaban febrilmente pero la distancia entre una y otra embarcación se acortaba inexorablemente.

—Nos van a alcanzar —exclamó Amadeo.

—¿Cuántos son? —preguntó el niño.

El viejo miró hacia sus perseguidores y dijo:

—Creo que son cinco.

Zoro exclamó:

—Vamos a varar la barca en la orilla. La selva es nuestra única salvación.

—Estoy de acuerdo.

Empujaron la canoa a una playa de arena amarilla, saltaron a tierra y corrieron hacia la espesura. El ave tente graznaba amenazadoramente.

Los perseguidores se percataron de la maniobra.

El que parecía ser el jefe bramó:

—Se están metiendo en la selva.

—Maldita sea —exclamó un guardia.

—No escaparán —dijo el flaco con extraña tranquilidad.

Zoro, Amadeo y el ave tente se ocultaron en el corazón de un helechal.

—Se nos olvidó convertir la canoa en una esferita —dijo Amadeo.

—Sí —exclamó con tristeza el niño.

—Esos sujetos se la van a robar —susurró el viejo.

—No teníamos tiempo para hacer la transformación —dijo Zoro. Y agregó—: Nos estaban alcanzando.

El que parecía ser el jefe, el flaco, el gordo y los dos guardias miraban fascinados la canoa de oro.

—Qué suerte —musitó el flaco—. Es una joya.

Lentamente se acercó y la acarició con sus dedos febriles. Luego, miró a sus amigos con su ojo violeta y su ojo amarillo y se introdujo dentro de la canoa sonriendo. Estaba en ésas cuando la nave se iluminó y el flaco se deshizo convertido en una nube de humo.

Los hombres retrocedieron espantados.

—Desapareció el flaco —sollozó el gordo.

—Cállese —dijo el hombre que parecía ser el jefe.

El gordo se sentó en una piedra y se comió un lechón dorado y un par de botas de repuesto que había llevado el flaco.

Los dos guardias estaban lívidos de espanto.

—No se queden ahí. Hay que reemprender la persecución —dijo el hombre que parecía ser el jefe.

Señalando a uno de los guardias, agregó:

—Usted es un magnífico rastreador. Empiece a trabajar.

El guardia respondió:

—Es fácil seguir un rastro en esta playa, pero en plena selva es casi imposible. Tal vez, si nos dividimos...

—De acuerdo. Nos reuniremos de nuevo en este mismo sitio.

Los hombres se desparramaron tras los fugitivos.

Al anochecer regresaron sudorosos, malhumorados y se sentaron en silencio alrededor de una fogata, a pocos metros de donde alumbraba la barca de sol, varada en la playa.

Amadeo, Zoro y el ave tente, desde lo alto de una ceiba, vieron el ojo iluminado de la candelada.

—Están en la orilla del río —dijo Amadeo.

—Y son como perros de cacería. No abandonarán nuestras huellas —dijo el niño.

En ese instante, sintieron un estremecimiento proveniente de lo más hondo de la selva. Segundos después se hizo el silencio.

—¿Qué será ese ruido? —dijo Amadeo.

—No lo sé —contestó Zoro—. Algo ha llegado a la espesura.

Efectivamente, el tigre de vidrio caminaba con suavidad de espuma. Sus ojos, lunitas verdes ahora, giraban en el fondo de la negrura, flotaban en las sombras del pavor.

Cuando llegó junto a la ceiba llamó a Zoro con esa musiquita que parecía palabras, con ese ronroneo de quinientos gatos, con ese fragor de leño que chisporrotea.

—¿Qué pasa? —rugió el tigre.

—Nos persiguen.

—¿Esos hombres de la playa?

—Sí.

El tigre miró a Amadeo y canturreó:

—¿Un amigo?

—Un amigo —contestó el niño.

—Tu gente está cerca.

Zoro se estremeció de emoción.

—Contén tu corazón —rugió el tigre. Y agregó—: Parece que quiere salir corriendo.

—¿Los ha visto?

—Sí —rezongó el tigre—. Ayer vi a tu madre, Mélide. Estaba recogiendo agua de un riachuelo. Llevaba su pelo lleno de flores, su vestido

olía a corazón de agua, pero ella estaba triste. Vi sus ojos y me di cuenta de que estaba triste. Eran dos soles negros en cielo de lágrimas. Y estaba triste por Zoro. Todo el pueblo está triste por Zoro. Muchos creen que ya no volverá, que la selva le quitó la vida, que ahora camina su cuerpo repartido en la hormiga, el buitre, el árbol, el polvo, las rocas chupadoras de agua.

El tigre hizo una pausa mientras su cuerpo de vidrio despedía una llamarada transparente.

—Te debes apresurar en el regreso —cantó la fiera.

—Lo haré —exclamó el niño.

El gran gato movió su cuerpo, se fue entre flotaciones, parecía untarse de sombras, hasta que cayó en la playa y agarró entre sus colmillos vitrificados a dos de los hombres. Luego voló como si se fuera a recostar en la luna.

El hombre que parecía ser el jefe balbució:

—¿Qué fue eso?

—Un tigre —lloró el gordo.

—¿Vio cómo brillaba?

—Sí.

—Es una joya. Un tigre de diamante.

—¿De diamante?

—Un tigre de prodigio. ¿Lo vislumbró por dentro?

—No me di cuenta —se disculpó el gordo.

—Su corazón era un rubí. Está lleno de zafiros, esmeraldas, perlas, aguamarinas y topacios.

—¿Qué les habrá pasado a los guardias? —suspiró el gordo.

Como si no lo hubiera oído, el hombre que parecía ser el jefe masculló:

—Hay que agarrarlo.

—¿Agarrar a ese animal? —hipó el gordo y añadió—: ¿Cómo lo vamos a hacer?

—Le tenderemos una trampa.

—¿Abandonamos la persecución del negro y del niño?

—Ni más faltaba. ¿Se le olvidó que ellos tienen el diamante?

—No. No se me ha olvidado.

—Los agarraremos durante el día. Por la noche, el tigre enjoyado caerá en nuestro poder. Vamos a dormir.

—¿Y si vuelve el felino?

—Esta noche no volverá.

Cuando amaneció, ya hacía rato que Zoro, Amadeo y el pájaro tente habían comenzado su marcha. Llegaron a un punto en que el río bajaba en una profundísima cascada, sobre una especie de escalones altísimos de roca. Parecía una escalera de espuma por la cual subían los vapores del arco iris.

—Es imposible vadear este río —exclamó Amadeo.

—Seguiremos por la orilla hasta donde podamos hacerlo —dijo el niño.

—Tendremos que meternos en la ciénaga.

—Sí —afirmó Zoro.

—Pues andando —exclamó el viejo.

—Esperemos al tente, que está bebiendo.

Se sentaron sobre unas rocas mientras el ave tente bebía con deleite de las sonrosadas

aguas del río. El crujir de una rama hizo que volvieran las cabezas y se encontraron con el hombre que parecía ser el jefe y con el gordo, quienes sonreían con un inquietante fulgor en los ojos.

—Por fin nos encontramos —dijo el hombre que parecía ser el jefe.

—Por fin —repitió el gordo como un eco.

Zoro, Amadeo y el pájaro tente permanecieron inmóviles y en silencio.

El hombre que parecía ser el jefe desenrolló parsimoniosamente su látigo. Cuando lanzó el golpe, Amadeo se interpuso recibiendo el quemonazo en el pecho. Sobreponiéndose a su dolor, se abalanzó contra el hombre y se aferró a él. Zoro intentó moverse pero el gordo le cortó la retirada.

Amadeo y el hombre rodaron a tierra abrazados, forcejeando. El negro lo atenazó y su adversario hacía esfuerzos desesperados por liberarse. Por fin lo logró y lanzó un puntapié contra Amadeo que lo echó a tierra retorciéndose del dolor.

Acezando, el hombre aulló:

—Ni más faltaba que un viejo y un niño nos vencieran.

En ese momento el ave tente lo atacó. El hombre con gran agilidad lo esquivó y lanzó con su látigo un golpe que desvaneció al ave sobre la empedrada ribera.

Al observar al ave herida el hombre prorrumpió en una estruendosa carcajada. El gordo lo secundó.

—Ahora —dijo el hombre dirigiéndose al niño— va a probar los dientes de mi látigo.

Alzó el arma y se aprestaba a dar el golpe cuando de repente le cayó encima un águila de hielo. El choque fue tan sorpresivo que el hombre que parecía ser el jefe perdió el equilibrio y cayó al río. Lo absorbió la catarata y bajó escalón tras escalón hasta el fondo del abismo.

El águila de hielo, lejos de su país natural, lejos del frío de la altura, había bajado hasta ese sitio a sabiendas de que el calor derretiría su cuerpo.

Zoro comprendió el generoso gesto del ave, cuando en un vuelo rasante se dio cuenta de que volaba con una de sus alas semiderretida. Reconoció a su amiga de la montaña de la nariz de hielo.

Amadeo exclamó:

—Es el águila de hielo. No estaba muerta.

—No estaba muerta —repitió Zoro.

Se quedaron mirando cómo el ave volaba resbalando, tropezando con el filo del aire, hasta que el calor la convirtió en una pequeña nube.

El gordo, saliendo de su asombro, movió su barriga gigantesca y dijo:

—Conmigo no le va a valer ninguno de sus trucos.

Al decir esto exhibió en sus manos un arma para cazar pumas.

Se acercó al niño y chilló:

—Déme el diamante.

El niño empezó a buscar la bolsa de tela que llevaba en su pecho.

En ese momento el gordo se fijó en el collar.

—¿Qué es eso? —farfulló.

—Un regalo de unos amigos —contestó el niño.

—Démelo.

—No. Es un recuerdo.

—Démelo —gritó el gordo levantando el arma.

El niño se despojó del collar.

El hombre lo abrió con avidez y quedó sorprendido del lustre del objeto que guardaba la cajita.

—Es una maravilla —chilló.

Colocó el pedazo de sol en sus manos regordetas y se puso a acariciarlo. De golpe, dio un grito y dijo:

—Me pinché.

Mostró en el dedo de morcilla un punto rojo por el que salía una gotita de sangre. Se llevó el dedo a la boca y lo chupó. Estaba mirando la punta de su dedo cuando se dio cuenta de que se estaba desinflando. Como un globo empezó a perder forma, hasta que quedó sobre la playa convertido en una vacía vejiga multicolor.

—Se desinfló —dijo Amadeo.

—Se desinfló —dijo Zoro.

El ave tente estiró sus patas amarillas y dejó escapar un suspiro de dolor.

—El tente —exclamó Zoro.

Se abalanzaron y tomaron al ave en sus manos. El niño la llevó al agua y le mojó la cabeza. El pájaro se sacudió, abrió su pico y saludó a su amo con una voltereta en el aire.

Zoro recogió el pedazo de sol que palpitaba en el suelo, lo introdujo en la cajita negra y dijo:

—Vamos a buscar nuestra barca.

—Vamos —respondió Amadeo con alegría.

Regresaron al lugar donde el día anterior habían dejado abandonada en su precipitada carrera la canoa, obsequio de sus amigos dorados.

Allí estaba, junto a la barca de sus perseguidores.

Amadeo miró con satisfacción su traje, cubierto ahora por una cosecha de flores amarillas.

Se embarcaron y remaron con fuerza. Desembarcaron antes de llegar a las cataratas y caminaron un trecho por la selva hasta que dejaron atrás las escaleras de espuma.

Reanudaron la navegación hasta que el río se empezó a poner del color de la plata.

—Estamos entrando en las aguas de los espejos —dijo el niño.

—Algo había oído de eso —respondió Amadeo.

—Es un río muy caprichoso —dijo Zoro. Cambia de lecho de un momento a otro y hay que buscarlo a veces por largas horas para encontrar otra vez su cauce.

Hundieron los remos en el agua plateada y de repente, la barca embarrancó en una loma de arena seca. El río, como cortado a cuchillo, se había acabado. Era una congelada línea longitudinal.

—Te lo dije —exclamó Zoro.

—¿Y ahora qué hacemos? —preguntó Amadeo.

—Hay que buscar la continuación del río.

Se dedicaron con afán a esa tarea. El ave tente la halló doscientos metros a la izquierda, escondida entre un bosque de helechos.

Subieron otra vez a la canoa y navegaron durante toda la noche. A la mañana siguiente Zoro presintió que habían llegado al valle refulgente.

Al mediodía, el niño divisó el embarcadero y las inconfundibles naves de su pueblo amarradas y mecidas por una brisa con aroma de uva de monte.

El ave tente, a la cual el abuelo le había enseñado a volar, surcó el aire y se precipitó en la mitad de la aldea. Todos reconocieron al ave de Zoro y salieron en tropel al improvisado muelle. Cuando divisaron la canoa dorada, levantaron las manos y gritaron en señal de júbilo.

Al desembarcar, Zoro fue abrazado por Zicorauta, su padre, por Mélide, su madre, por Artelia y Rombo, sus abuelos, y por toda la gente que se sentía feliz por lo que ellos consideraban la resurrección del querido Zoro.

El niño tomó de la mano a Amadeo y lo presentó a todos los habitantes de la aldea.

Hacía varias semanas que el anciano estaba viviendo en el pueblo, cuando un día, mientras recorría con Zoro un sembrado de espigas, le dijo:

—Zoro, tengo que partir.

—¿Por qué?

—Yo también tengo que buscar a mi gente.

—Lo comprendo.

—Estos últimos días han sido maravillosos. Tu padre y los demás, son personas llenas de bondad y sabiduría. Pero siento que me llaman los recuerdos del corazón. Ya soy viejo y no me gustaría cerrar definitivamente los ojos sin ver otra vez el mar, el caserío de pescadores donde nací y me crié, y los amigos que se quedaron esperándome un día hace veinte años, para jugar una partida de dominó. Sé que todavía me están esperando, que entraré como si nada y tomaré mi montoncito de fichas y que el compadre Sebastián me dirá, con esa cara de alegría que tiene por las tardes, me dirá, qué bueno que llegó, Amadeo; coja sus fichas. Le ha ido bien en el juego, porque mientras estaba afuera, su hijo Antonio ha estado jugando por usted.

Siguieron caminando en silencio. Un tropel de caballos le puso tambor a ese claro día de verano.

Al amanecer, Amadeo se preparaba para partir en una barca engalanada con flores de monte. Seis embarcaciones más, con sus respectivos remeros, estaban listos para escoltar al viejo hasta el puerto desde el cual podría iniciar su regreso. En su barca se amontonaban los presentes. Desde una bolsita de esmeraldas, regalo de Zicorauta, hasta una piedrita pintada, obsequio de uno de los niños del pueblo.

Todos estaban en el muelle. Zoro avanzó hasta el viejo y puso un objeto en su mano.

—Es el diamante —exclamó Amadeo.

—Es tuyo —respondió el niño.

—Recuerdo a todos mis compañeros de infortunio. Los buscaré y les daré la parte que les corresponde —dijo el viejo. ·

Zoro le dio un beso en la mejilla y se agachó para que no lo viera llorar.

Partieron las naves, mientras el viejo negro recorría los rostros de Zoro, de Zicorauta, de Mélide, de Artelia, de Rombo, de Aicadur, de Roco, de Irise, de Soleal, de toda la gente del pueblo, y veía en ellos los resplandores de la amistad.

· Cuando se alejaba, se percató de un extraño movimiento en la proa de su barca. Avanzó y vio que dentro de un saco de fique algo se movía. Lo destapó y quedó sorprendido al encontrar un ave tente, a la cual el abuelo le había enseñado a cuidar a los viejos y que no lo abandonaría por siempre jamás.

"Y el niño abrió los ojos y lo primero que vio fue el plumón azul cobalto del pecho del pájaro tente. El ave, su fiel compañera, la amiga incondicional de los niños de la selva, estaba allí con él, a bordo de su canoa, de su endeble caballito de agua".

Así comienza *Zoro,* la novela de Jairo Aníbal Niño, y no sé, quizás por lo de la selva recuerdo *La Vorágine*: "Antes que me hubiera apasionado por mujer alguna, jugué mi corazón al azar y me lo ganó la violencia", la violencia de unos hombres contra otros y de todos contra la selva, mortal y ciega como el ansia depredadora de sus transgresores, frente a la selva conciliadora de Niño, conciliadora, humanizada en la confianza de Zoro, humanizante en la lealtad del pájaro tente.

Y es que lo que distingue a la buena literatura "para niños" de la "otra" no es el tema, ni la complejidad de las historias, ni tan siquiera el tan llevado y traído nivel de recepción, sino el propósito y el punto de vista.

Jairo Aníbal Niño no narra la historia de Zoro, la selva, Amadeo o el pájaro tente, lo que cuenta es la historia del sueño de ese mundo donde transcurre la vida como amparo del niño y el ave, del hombre y el animal; armonía del ser consigo mismo y con la naturaleza.

Artífice del universo en el cual Zoro no es un niño sereno, sino donde "Zoro dejó que la serenidad le càyera como un vaho", el poeta conforma, una vez más, una realidad, "otra", en la cual lo fantástico, al no ser subterfugio ilusorio o superpuesto, tampoco es espacio escénico sino sustancia proteica de los seres y sus avatares.

Como Dalia y Zazir, Zoro va sin vacilaciones al encuentro de su destino, que es el de su pueblo, y en esa búsqueda, al escuchar el consejo de su padre asume la ética de un hacer bien: "Hijo, no permitas que el miedo inunde tu corazón. Ningún peligro, por grande que sea, te debe impedir pensar y reflexionar. Tú puedes pensar y esa es tu mejor arma. Úsala".

Zoro es de nuevo, una suerte más de Niño para el lector latinoamericano. No importa la edad que éste tenga. Pero bueno sería encontrarse con Zoro cuando todavía apenas nos separen unas pocas cuartas del suelo, aunque solo fuera por aquello de que así, la alzada, la crecida inevitable, desgarradora como todas las despedidas, nos fuera por lo menos tan llevadera, tan amable y hasta alentadora como la de "las criaturas del aire", "las venidas del sol":

"Los bruñidos cuerpos del hombre y la mujer se recortaron en la entrada de la cueva. Les hicieron un ademán de despedida, miraron la espesura con sus ojos transparentes, y, tomados de las manos, silbaron una melodía como de flauta. A medida que subía el volumen de la exquisita música, de sus espaldas emergieron unos chorros azules de fuego. Se convirtieron entonces en dos líneas de luz y se perdieron entre unas nubes pintadas por el sol de los venados".

En fin, si hay que despedirse, que sea al estilo de Jairo Aníbal Niño, con una melodía como de flauta.

Emilia Gallego Alfonso
(Cuba)